JN037261

健康志向なズボラさん に贈る！

太らない

高たんぱく低糖質のレンチンごはん

小泉勇人

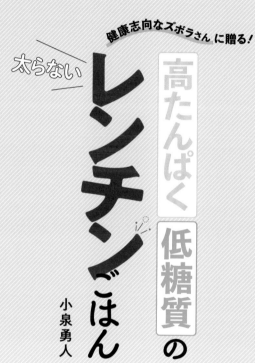

KADOKAWA

健康志向なズボラさんのための一冊

この本は**自炊したいけど家に帰ったら気力ゼロ…**。健康的な食事をしたいけど**面倒くさい…**。そんな「体を労りたいけど自炊ができない」方の味方となる一冊です。

実は私自身、いまでも料理を作るのが億劫です。**「面倒くさいなあ」と思いながらキッチンに立つことが多々あります。**ではなぜ、そんな自分が自炊をできているのか。

私は元々、長い間、プロのサッカー選手として活動していました。プロのアスリートは、今より高いステージに行くために、そして夢を叶えるために、やりたくないことでも率先してやります。それと同じ考え方で、**「体と心を良くするためにも、食事から整えていくことが大事」**だと思ったのです。

「きちんとした食事をとらなければ、いい結果が得られない…」そういったマインドセットで半強制的に料理をやり始めたに過ぎません。つまりはアスリート視点から始まったことで、料理が好きだからやったわけではないのです。

読者の皆さんの中にも、健康への意識が高かったり、ダイエットを考えていたり、スポーツなどでパフォーマンスを上げたいという想いで、この本を取った方もいらっしゃると思います。でも、**実際は忙しくって、料理を作るのはめんどうですよね。**わかります。私もそうだったからこそ、極力手間を省いて美味しい料理を作ろうと試行錯誤したのです。

洗い物を最小限に、工程を最小限に、時間を最小限に、何度も研究を重ねた集大成ともいえるのが今回のレンチンごはんです。

「美味しく、早く、手間なし」でできる最高の100品を、ぜひ実践してみてください。

小泉勇人

茨城県神栖市出身の元プロサッカー選手。2021年7月にInstagramにて自炊記録アカウントを立ち上げる。アスリートとしての経験を活かし、低糖質・高たんぱくの簡単レシピを中心に投稿。特にダイエット中の方、スポーツをされる方に多くの支持を集める。アスリートフードマイスター3級や上級食育アドバイザーなど、食に関する6つの資格を取得。
Instagram @zumi_meshi

美味しく食べるためのポイント

1 耐熱容器に詰める時は 火を通したいものを下に

レンチンの際は容器の下の方から火が通っていきます。肉類や根菜類など火が通りにくいものはなるべく容器の下の方に配置しましょう。

2 レンチン後はすぐに取り出す

レンチンが終わったら、すぐ取り出すことを心がけましょう。レンジ庫内の余熱によってどんどん加熱が進んでいきます。

ただし、「鶏むねチャーシュー」など、チャーシュー類は庫内に置いて蒸らすと、芯までふっくら加熱されやすいです。

3 完成後はすぐに全体を混ぜる

基本的に、レンチン後全体を混ぜることで味が均一になり美味しく食べることができます。

ただし、イモ類などのくずれやすいものなどは、耐熱容器を傾けたりして調味料を絡める程度でおさえておきましょう。

CONTENTS

[レンチンでもジューシーな]
肉レシピ

[たんぱく質たっぷりの]
魚レシピ

見た目から美味しさあふれる
卵・野菜レシピ

至福の
レシピです

調理道具とレシピルール

主な調理道具

耐熱容器

特におすすめはガラスの耐熱容器です。透明なので中身がすぐわかり、耐久性も抜群です。また、一般的なプラスチック容器よりもさっと洗えるので重宝しています。私は普段、ハリオさんの耐熱容器を使用しています。

電子レンジ

調理時間を短縮するためにも600W以上の電子レンジをおすすめしています。色やデザインなど自分のテンションの上がるもので問題ないと思います。

この本では全て600Wで作っていますので、500Wを使用されている場合は加熱時間を1.2倍にしてください。

レシピルール

- 電子レンジは600Wを基準にしています。500Wの場合は加熱時間を1.2倍に、700Wの場合は0.8倍を目安にしてください。機種によって多少の差が生じます。
- カロリー値・栄養価は全て1人分（1食分）で計算しています。「材料（2〜3人分）」の場合は材料から3人分（多い方の人数）で割り、1人分の数値を出しています。
- 計量単位は大さじ1＝15㎖、小さじ1＝5㎖としています。
  電子レンジは機種や調理する素材によって表記の加熱時間では十分に火がとおっていない場合があります。竹串を刺すなど火のとおりをよく確認して、足りない場合はさらに加熱してください。
- こしょうはあらびき黒こしょうを使用しています。お好みのものをご使用ください。

レンチンでもジューシーな
肉レシピ

鶏むねがぷりっぷりで美味しい！
簡単チャーシュー！

1人分 **186** kcal ／ たんぱく質 **25.4** g ／ 炭水化物 **13.9** g ／ 脂質 **1.9** g

鶏むねチャーシュー

材料（2〜3人分）

鶏むね肉 —— 300g

A
醤油 —— 大さじ4
みりん・料理酒 —— 各大さじ2
酢 —— 大さじ$\frac{1}{2}$
砂糖 —— 大さじ2〜3
生姜チューブ・にんにくチューブ —— 各小さじ1

作り方

1 鶏むね肉は皮を取り、フォークで数カ所さす。ポリ袋に鶏むね肉と**A**を入れ、よく揉み込む。

2 耐熱容器に**1**を入れ、ふんわりとラップをし、**6分チン**。その後余熱で、5分放置し、食べやすい大きさにスライスする。

程よくピリ辛で
食欲そそる逸品！

| 1人分 | 159kcal | たんぱく質 24.0g | 炭水化物 9.7g | 脂質 3.3g |

旨辛鶏ハム

材料（2～3人分）

鶏むね肉 —— 300g
片栗粉 —— 大さじ1

A
コチュジャン・はちみつ・醤油 —— 各大さじ1
長ねぎ —— 3cm分
ごま油 —— 小さじ1
にんにくチューブ —— 小さじ½

作り方

1 鶏むね肉は皮を取り、フォークで数カ所刺す。一口大に切り、ポリ袋に鶏むね肉と片栗粉を入れまぶし、**A**も入れ、よく揉み込む。

2 耐熱容器に**1**を入れ、ふんわりとラップをし、6分チン。

さっぱり甘酢が
鶏肉と絶妙なマッチ！

1人分	**140** kcal	たんぱく質	**24.0** g	炭水化物	**7.0** g	脂質	**1.9** g

鶏むね肉の甘酢だれ

材料（2〜3人分）

鶏むね肉 —— 300g
塩胡椒 —— 適量
片栗粉 —— 大さじ1
ねぎ —— ½本

A ｜ 料理酒・酢・砂糖・醤油 —— 各大さじ1

作り方

1 鶏むね肉は皮を取り、数カ所フォークで刺す。一口大に切り、ポリ袋に鶏むね肉と塩胡椒、片栗粉を入れ、よくまぶす。

2 **1**を耐熱容器に出し、ねぎと**A**を混ぜ合わせたものをかけ、絡め合わせ、ふんわりとラップをし、**6分チン**。

カレーの香り豊かな
チキンを味わう！

| 1人分 **192** kcal | たんぱく質 **24.5**g | 炭水化物 **21.8**g | 脂質 **2.1**g |

鶏肉のカレーチャップ

材料（2～3人分）

鶏むね肉 …… 300g
玉ねぎ …… 1個
片栗粉 …… 大さじ1

A
　ケチャップ …… 大さじ3
　はちみつ・
　　ウスターソース
　　…… 各大さじ1
　にんにくチューブ
　　…… 小さじ1
　カレー粉
　　…… 小さじ1～1と½

作り方

① 鶏むね肉は皮を取り、数カ所フォークで穴をあけ、一口大に切り、ポリ袋に片栗粉と肉を入れてまぶし、**A** も入れ、よくもみこむ。玉ねぎは薄くスライスする。

② 耐熱容器に**1**を入れ、ふんわりとラップをし、**6分チン**。

ごまの香ばしさが
クセになる！

1人分	たんぱく質	炭水化物	脂質
180kcal	**15.4**g	**8.3**g	**10.3**g

ごまつくね

材料（2人分）

鶏ひき肉 …… 150g
えのき …… 1/3袋
玉ねぎ …… 1/2個
いりごま …… 適量

A | 料理酒・
鶏ガラスープの素
…… 各大さじ1
塩胡椒 …… 少々
塩こんぶ …… 5g

作り方

1 玉ねぎはみじん切りにし、耐熱容器にいれ、ふんわりとラップをし、2分チン。えのきもみじん切りにしておく。

2 耐熱容器に、鶏ひき肉、**1**、**A**を入れ混ぜ合わせ、成形する。上の面にいりごまを振り、ふんわりとラップをし、5分チン。

本場の味わいを
自宅で気軽に楽しめる！

※ライスと卵は栄養価に入れていません。

ガパオライス

材料（2人分）

鶏ひき肉 —— 100g

ピーマン —— 1個

赤パプリカ・玉ねぎ —— 各 $\frac{1}{2}$ 個

エリンギ —— 1本

にんじん —— $\frac{1}{2}$ 本

A
　醤油・料理酒 —— 各大さじ2
　砂糖・オイスターソース —— 各大さじ $\frac{1}{2}$
　鶏ガラスープの素 —— 小さじ1
　塩胡椒 —— 少々

大葉 —— 3枚

お好みで卵

作り方

(1) 全ての野菜をみじん切りにする。エリンギ以外の野菜を耐熱容器に入れ、ふんわりとラップをし、**3分チン**。

(2) **1**にエリンギ、ひき肉、**A**を加えてよく混ぜ、ふんわりとラップをし、**3分チン**する。一旦取り出し、全体をよく混ぜ、再度**3分チン**。ちぎった大葉を入れ混ぜ、完成。

ごま味噌で
旨味倍増の逸品！

1人分	たんぱく質	炭水化物	脂質
177 kcal	**24.9** g	**11.0** g	**3.5** g

鶏むね肉のごま味噌照り焼き

材料（2〜3人分）

鶏むね肉 ⋯⋯ 300g
片栗粉 ⋯⋯ 大さじ1
A みりん ⋯⋯ 大さじ2
醤油・味噌・いりごま
⋯⋯ 各大さじ1

作り方

1 鶏むね肉は皮を取り、フォークで数カ所穴をあけ、一口サイズに切り、ポリ袋に鶏肉と片栗粉を入れ、よく振る。

2 **A**も**1**に入れ、よく揉み込み、10分程度おく。

3 耐熱容器に入れ、ふんわりとラップをし、6分チン。

辛旨キムチが
鶏肉を引き立てる！

1人分 **121** kcal	たんぱく質 **24.4** g	炭水化物 **3.4** g	脂質 **1.9** g

※卵は栄養価に入れていません。

鶏キムチ

材料（2〜3人分）

鶏むね肉 —— 300g
キムチ —— 100g
豆苗 —— 30g
片栗粉 —— 小さじ1
めんつゆ（4倍濃縮）
　　—— 大さじ1
お好みで卵

作り方

① 鶏むね肉は皮を取り、フォークで数カ所穴をあけてそぎ切りにし、ポリ袋に鶏むね肉と片栗粉を入れ、まぶす。

② 耐熱容器に、**1**と豆苗を入れ、ふんわりとラップをし、**5分チン**する。キムチとよく和え、めんつゆを加え、混ぜ合わせたら完成。

韓国風甘辛チキンが
あっという間にできる！

| 1人分 | 255kcal | たんぱく質 25.1g | 炭水化物 22.1g | 脂質 6.5g |

ヤンニョムチキン

材料（2人分）

鶏むね肉 ────── 300ｇ
片栗粉 ────── 大さじ1
塩胡椒 ────── 少々

A
　料理酒・コチュジャン・
　砂糖・醤油・みりん・
　ケチャップ
　　────── 各大さじ2
　にんにくチューブ・
　ごま油 ────── 各大さじ1

作り方

1 鶏むね肉は皮を取り、フォークで数
カ所さし、一口大に切る。ポリ袋に
鶏肉、塩胡椒、片栗粉を入れ、よ
くまぶす。

2 **1**に**A**を入れ、よく揉み込み、10
分程度おく。

3 耐熱容器に**2**を出し、ふんわりとラ
ップをし、6分チン。

肉の旨味と
厚揚げのハーモニー!

| 1人分 **420**kcal | たんぱく質 **25.0**g | 炭水化物 **17.9**g | 脂質 **27.1**g |

厚揚げ肉巻きヤンニョム

材料（3人分）

厚揚げ …… 2枚

豚ロース肉
…… 12枚（1つにつき2枚）

片栗粉 …… 大さじ1

A
コチュジャン・料理酒
…… 各大さじ2
みりん・醤油・
ケチャップ・砂糖・
にんにくチューブ
…… 各大さじ1
ごま油 …… 小さじ2

作り方

1 厚揚げ1枚を3等分に切り、豚肉を2枚巻き、片栗粉をまぶす。

2 **A**を混ぜ合わせ、耐熱容器に**1**と**A**を入れ、ふんわりとラップをし、5分チン。

ピーマンが主役の
ヘルシー肉巻き!

肉巻きピーマン

材料（4人分）

ピーマン ⋯⋯ 4個
豚ロース ⋯⋯ 16枚（1個につき2枚）
チーズ ⋯⋯ 50g

A
　ケチャップ ⋯⋯ 大さじ2
　はちみつ ⋯⋯ 大さじ1
　ウスターソース ⋯⋯ 大さじ1
　にんにくチューブ ⋯⋯ 小さじ1

塩胡椒 ⋯⋯ 少々

作り方

① ピーマンは縦半分に切り、種とわたを取る。

② **A**を混ぜたものをピーマンの内側に塗り、その上にチーズをのせ、豚肉を2枚巻き、塩胡椒を振る。

③ 耐熱容器に入れ、ふんわりとラップをし、**6分チン**。

シャキシャキオクラの肉巻き！

| 1人分 **407**kcal | たんぱく質 **25.4**g | 炭水化物 **19.9**g | 脂質 **23.1**g |

肉巻きオクラ

材料（2人分）

オクラ —— 6本
豚ロース肉
　—— 12枚（1つにつき2枚）
片栗粉 —— 大さじ1
A ｜ 醤油・みりん・料理酒
　　　—— 各大さじ2
　｜ 砂糖 —— 大さじ1

作り方

① オクラは板ずりをし、両端を切り落とす。

② 豚ロース肉を2枚並べ、オクラを巻き、片栗粉をまぶす。

③ 耐熱容器に**A**を入れて混ぜ合わせ、**2**を入れ、ふんわりとラップをし、5分チン。

④ 斜め半分に切り、盛り付ける。

ボリューム満点の
スナック感覚で楽しめる逸品!

1人分 **299** kcal / たんぱく質 **17.0**g / 炭水化物 **27.0**g / 脂質 **15.5**g

肉巻きポテト

材料（2〜3人分）

じゃがいも …… 小2個
豚ロース肉
　…… 12枚（1つにつき2枚）
片栗粉 …… 大さじ1

A
ケチャップ …… 大さじ3
はちみつ・
ウスターソース
　…… 各大さじ1
にんにくチューブ
　…… 小さじ½

作り方

1. じゃがいもは皮をむき、1cm幅の細切りにする。

2. じゃがいもを肉で巻き、片栗粉をまぶす。

3. 耐熱容器に**A**を入れて混ぜ合わせ、**2**も入れ、絡め合わせ、ふんわりとラップをし、**5分チン**。斜めに切って完成。

ナムルで
サッパリとした味わい!

| 1人分 | 248kcal | たんぱく質 | 17.3g | 炭水化物 | 7.9g | 脂質 | 16.9g |

肉巻きナムル

材料（2〜3人分）

ほうれん草 …… 100g
にんじん …… ⅓本
えのき …… ¼袋
豚ロース肉 …… 12枚（1つにつき2枚）

A
鶏ガラスープの素・
ごま油・にんにくチューブ
…… 各小さじ1
塩 …… 小さじ½

B
コチュジャン・砂糖・
料理酒 …… 各大さじ1
醤油 …… 大さじ½
にんにくチューブ・
生姜チューブ
…… 各小さじ½

作り方

1. ほうれん草にラップを巻き、**2分チン**し、4〜5cm長さに切る。にんじんはほうれん草の長さにあわせた千切りにし、えのきも長さを合わせ、切る。

2. 耐熱容器に**1**と**A**を入れ、ふんわりとラップをし、**3分チン**。

3. **2**をよく混ぜたら、肉で巻き、耐熱容器に**B**を混ぜ合わせたものを作り、肉巻きを入れ、絡め合わせふんわりとラップをし、**5分チン**。斜めに切って完成。

豆腐×肉、
ヘルシーな美味しさ!

1人分 **355** kcal / たんぱく質 **22.3** g / 炭水化物 **18.9** g / 脂質 **19.1** g

肉巻き豆腐

材料（2人分）

豚ロース肉
—— 6枚（1つにつき1枚）

木綿豆腐 —— 1丁

片栗粉 —— 大さじ1

A 　醤油・みりん・料理酒
　　 —— 各大さじ2

　砂糖 —— 大さじ1

作り方

1 豆腐はキッチンペーパーで包み、2分チンして、水切りする。

2 豆腐を6等分に切り、肉で巻き、片栗粉をまぶす。

3 耐熱容器に**A**を入れて混ぜ合わせ、**2**と絡め合わせ、ふんわりとラップをし、5分チン。

肉の旨味と照り焼きの香ばしさがたまらない！

1人分 **343**kcal／たんぱく質 **19.8**g／炭水化物 **26.0**g／脂質 **17.3**g

※卵は栄養価に入れていません。

照り焼きつくね

材料（2人分）

豚ひき肉 —— 200g
玉ねぎ —— $\frac{1}{4}$個
えのき —— $\frac{1}{4}$袋
片栗粉 —— 大さじ2
塩胡椒 —— 少々
生姜チューブ・鶏ガラスープの素 —— 各小さじ1

A 料理酒・醤油・みりん —— 各大さじ2
砂糖 —— 大さじ1

お好みで卵

作り方

1 玉ねぎはみじん切りにし、ふんわりとラップをし、**2分チン**。えのきもみじん切りにし、耐熱容器にひき肉、みじん切りにした野菜、片栗粉、塩胡椒、生姜、鶏ガラスープに素を入れてよく混ぜ、成形する。

2 耐熱容器に**A**を混ぜ合わせたものと**1**を入れ、ふんわりとラップをし、**6分チン**。

手作りミートボールで家庭の味!

1人分	たんぱく質	炭水化物	脂質
336kcal	19.4g	31.3g	17.5g

ミートボール

材料（2人分）

豚ひき肉……200g
玉ねぎ……¼個
えのき……¼袋
コンソメ……小さじ1
片栗粉……大さじ2
塩胡椒……少々
A ケチャップ……大さじ3
ウスターソース・はちみつ……各大さじ1

作り方

1. 玉ねぎはみじん切りにし、ふんわりとラップをし、2分チン。えのきもみじん切りにし、耐熱容器にひき肉、みじん切りにした野菜、片栗粉、塩胡椒、コンソメを入れてよく混ぜ、成形する。

2. 耐熱容器に**A**を混ぜ合わせたものと**1**を入れ、ふんわりとラップをし、6分チン。

豚肉のしっとり感、
至福の一品！

1人分 **278**kcal	たんぱく質 **15.6**g	炭水化物 **23.3**g	脂質 **14.5**g

ポークチャップ

材料（2人分）

豚小間切れ ⸺ 150g
玉ねぎ ⸺ 1/2個

A｜ケチャップ ⸺ 大さじ3
　　ウスターソース・蜂蜜
　　　⸺ 各大さじ1

作り方

1 玉ねぎは薄くスライスし、耐熱容器に入れふんわりとラップをし、3分チン。

2 **1**に豚肉と**A**を入れ、よく混ぜ、ふんわりとラップをし、6分チン。

豚肉と豆の相性抜群!

1人分 **228**kcal / たんぱく質 **17.3**g / 炭水化物 **18.4**g / 脂質 **12.4**g

ポークビーンズ

材料（2〜3人分）

豚ひき肉 —— 100g
玉ねぎ —— 1/2個
にんじん —— 1/2本
大豆（水煮缶）—— 100g

A
カットトマト缶
 —— 1/2缶（200g）
コンソメ —— 大さじ1/2
砂糖 —— 小さじ1
塩 —— 少々

作り方

1. 玉ねぎとにんじんを1cm角に切り、耐熱容器に入れふんわりとラップをし、**3分チン**。

2. **1**に**A**と豚ひき肉、大豆も入れ、全体が混ざるようにスプーンで混ぜ、ふんわりとラップをし、**6分チン**。

梅と紫蘇で
爽やかな風味！

CHAPTER **1** ── 肉レシピ

1人分 **259** kcal / たんぱく質 **19.7** g / 炭水化物 **3.9** g / 脂質 **19.4** g

なすの梅紫蘇チーズ巻き

材料（2人分）

なす …… 2本（スライスして1つにつき4枚並べる）

豚ロース肉 …… 8枚

紫蘇 …… 8枚

チーズ …… 30g

梅 …… 3〜4個

水溶き片栗粉
（片栗粉 小さじ1＋水 小さじ2）

塩胡椒 …… 少々

作り方

① なすはスライサーで縦に薄くスライスする。梅は種を取り出し、包丁でたたく。

② なすを4枚縦に並べ、下からなす→豚肉（1枚）→塩胡椒→梅→紫蘇→チーズの順に並べて巻いていき、巻き終わりがはがれないように水溶き片栗粉を塗る。

③ 耐熱容器に**2**を並べ、ふんわりとラップをし、**5分チン**。

カラフル野菜と
肉の旨味!

1人分 **227**kcal／たんぱく質 **15.5**g／炭水化物 **7.6**g／脂質 **14.5**g

肉野菜炒め

材料（2人分）

豚ロース肉 ── 150g
長ねぎ ── ½本
にんじん ── ⅓本
エリンギ ── 1本

A │ 料理酒 ── 大さじ2
│ 鶏ガラスープの素・にんにくチューブ・砂糖 ── 各小さじ1
│ 生姜チューブ・塩 ── 各小さじ½

作り方

① 長ねぎは1cm幅に斜め切りにする。にんじんは3cm長さに短冊切り、エリンギは横に2等分し、縦にしてスライスする。

② 電子レンジ対応の袋に**①**と豚肉、**A**を入れ、よく揉み込み、6分チン。

トマトの酸味と
ポン酢の爽快感!

1人分	345 kcal	たんぱく質	21.3 g	炭水化物	9.8 g	脂質	25.3 g

豚肉のトマトポン酢がけ

材料（2人分）

豚ロース肉 …… 200g
トマト …… 1/2個
もやし …… 1/2袋

A {
めんつゆ（4倍濃縮）・
ごま油・砂糖
…… 各大さじ1
ポン酢 …… 大さじ2
}

作り方

① もやしは水洗いをし、トマトは1cm
角に切る。耐熱容器にもやし→豚
肉の順番にのせ、ふんわりとラッ
プをし、**4分チン**。

② レンジで加熱している間に**A**を混ぜ
合わせておく。

③ 豚肉の上にトマトを散らし、**2**を回
しかけて完成。

出汁の深みが際立つカレー煮！

| 1人分 | **218**kcal | たんぱく質 **15.5**g | 炭水化物 **6.3**g | 脂質 **14.6**g |

豚肉の出汁カレー煮

材料（2人分）

豚ロース肉 ⸺⸺ 150g
玉ねぎ ⸺⸺ ½個

A
　料理酒 ⸺⸺ 大さじ1
　だし汁 ⸺⸺ 100㎖
　めんつゆ ⸺⸺ 大さじ1
　カレー粉
　　⸺⸺ 小さじ1〜2

作り方

1 玉ねぎは5㎜程度に薄くスライスし、ふんわりとラップをし、2分チン。

2 耐熱容器に**A**と豚肉、**1**を入れ、ふんわりとラップをし、5分チン。

しっとり豚肉の
甘辛煮！

1人分 **272** kcal / たんぱく質 **16.7** g / 炭水化物 **12.4** g / 脂質 **14.4** g

豚肉のしぐれ煮

材料（2人分）

豚ロース肉 —— 150g
生姜 —— 1かけ

A
醤油 —— 大さじ3
料理酒・みりん
　 —— 各大さじ2
砂糖 —— 小さじ1

作り方

1 生姜は千切りにする。耐熱容器に豚肉と生姜、**A**を混ぜ合わせ、ふんわりとラップをし、**5分チン**。

生姜の香りが
食欲を刺激！

1人分 **368**kcal ╱ たんぱく質 **21.9**g ╱ 炭水化物 **22.8**g ╱ 脂質 **19.3**g

生姜焼き

材料（2人分）

豚ロース肉 ┈┈ 200g
玉ねぎ ┈┈ 1個
A 醤油・料理酒・みりん
┈┈ 各大さじ2
砂糖 ┈┈ 大さじ1
生姜チューブ
┈┈ 小さじ1

作り方

1 玉ねぎは薄くスライスする。耐熱容器に玉ねぎを入れ、**3分チン**。

2 取り出して上に豚肉と**A**を入れ、ふんわりとラップをし、**4分チン**。

本格的な辛さと
旨味の融合！

38

麻婆豆腐

材料（2人分）

豚ひき肉 —— 100g
木綿豆腐 —— 150g
長ねぎ —— ½本

A
豆板醤 —— 小さじ1
ごま油 —— 大さじ1
生姜チューブ・にんにくチューブ
—— 各小さじ1

B
水 —— 150㎖
鶏ガラスープの素 —— 小さじ2
料理酒・醤油 —— 各大さじ1
砂糖 —— 小さじ1
片栗粉 —— 小さじ2

作り方

1 長ねぎはみじん切りにする。耐熱容器に豚ひき肉と長ねぎ、**A**を入れ、ふんわりとラップをし、**4分チン**。

2 **1**に**B**とさいの目にした豆腐を入れ、ふんわりとラップをし、**3分チン**。

ヘルシー厚揚げで
イタリアンなメニュー！

| 1人分 **257**kcal | たんぱく質 **16.7**g | 炭水化物 **15.3**g | 脂質 **16.0**g |

厚揚げラザニア

材料（2人分）

厚揚げ —— 2枚
豚ひき肉 —— 60g
にんじん —— ¼本
玉ねぎ —— ¼個

A
カットトマト缶 —— ½缶
ウスターソース
—— 小さじ2
はちみつ・にんにく
チューブ・コンソメ
—— 各小さじ1

チーズ —— 適量

作り方

① 厚揚げは真ん中をくりぬき、くりぬいた厚揚げの中身、にんじん、玉ねぎをみじん切りにする。

② 耐熱容器に **1** でみじん切りにした材料とひき肉、**A** を入れ、ふんわりとラップをし、5分チン。

③ 厚揚げのくりぬいたところに **2** を入れ、ラップをせずに2分チンし、チーズをのせ、1分チン。

チーズと鶏肉の
絶品コンビ！

| 1人分 **289**kcal | たんぱく質 **27.3**g | 炭水化物 **28.9**g | 脂質 **7.9**g |

チーズタッカルビ

材料（2〜3人分）

鶏むね肉 —— 300g
キャベツ —— 1/6個
にんじん —— 1/3本
玉ねぎ —— 1/2個

A
　醤油・料理酒・はちみつ
　　　—— 各大さじ2
　コチュジャン —— 大さじ3
　ごま油 —— 大さじ1
　にんにくチューブ・
　　生姜チューブ
　　　—— 各小さじ1/2

作り方

1 鶏むね肉は皮を取り、フォークで数カ所さし、そぎ切りにする。ポリ袋に鶏むね肉と**A**を入れ、よく揉み込む。

2 キャベツは食べやすい大きさに切り、にんじんは3cm長さ程度の短冊切りに、玉ねぎは薄くスライスする。

3 耐熱容器に、野菜を入れ、ふんわりとラップをし、**3分チン**。その中に**1**を入れてよく混ぜ、ふんわりとラップをし、**6分チン**。チーズを上からのせ、ラップをせずに**1分チン**。

もちもち感が新しい
肉団子!

| 1人分 **216** kcal | たんぱく質 **13.1** g | 炭水化物 **13.6** g | 脂質 **13.6** g |

もちもち餃子風肉団子

材料（2人分）

豚ひき肉 …… 200g
にら …… 1/3束
キャベツ …… 1/6個
塩胡椒 …… 少々
ごま油 …… 大さじ1/2
醤油 …… 大さじ1
生姜チューブ …… 小さじ1
鶏ガラスープの素 …… 小さじ2
片栗粉 …… 大さじ3〜4

作り方

1. にらとキャベツはみじん切りにする。

2. 耐熱容器の中ですべての材料を混ぜて成形し、ふんわりとラップをし、6分チン。

小間切れで作る
手軽なカレー！

1人分 **393** kcal	たんぱく質 **21.2**g	炭水化物 **26.5**g	脂質 **24.1**g

※ライスは栄養価に入れていません。

豚小間カレー

材料（2人分）

豚小間切れ —— 200g

トマト —— 1個

A ┌ カレー粉 —— 大さじ2
  │ はちみつ・
  │   ウスターソース
  │   —— 各大さじ1
  └ ケチャップ —— 大さじ3

有塩バター —— 10g

作り方

1 耐熱容器に豚肉と**A**を入れ、よく混ぜる。

2 真ん中をあけて、そこにヘタをとったトマトをおき、バターも入れ、ふんわりとラップをし、**5分チン**。

3 取り出して、トマトを崩しながら、カレーとよく混ぜ合わせる。

| 1人分 **179** kcal | たんぱく質 **12.6** g | 炭水化物 **9.3** g | 脂質 **11.7** g |

包まないロールキャベツ

材料（2〜3人分）

豚ひき肉 —— 200g
キャベツ —— 5枚分
玉ねぎ —— 1/2個

A
片栗粉 —— 大さじ2
塩胡椒 —— 少々
コンソメ —— 小さじ1/2

B
コンソメ大さじ1/2を
水200mlで溶く

作り方

① 玉ねぎはみじん切りにする。耐熱容器に玉ねぎ・豚ひき肉・Aを入れ、こねる。

② キャベツは食べやすい大きさにちぎる。耐熱容器に**1**を一面に敷き、上からキャベツを**1**が見えなくなる程度のせ、それをもう一度繰り返す。

③ Bを入れ、ふんわりとラップをし、8分チン。

塩麹とレモンの爽やかさと
豚肉の旨さが抜群に絡まる!

1人分 **307**kcal / たんぱく質 **20.6**g / 炭水化物 **8.4**g / 脂質 **21.4**g

豚肉の塩麹レモン

材料（2人分）

豚小間切れ …… 200g
にら …… 1/2束
ねぎ …… 1本

A
　鶏ガラスープの素・塩麹・料理酒
　　…… 各大さじ1
　にんにくチューブ・ごま油・レモン汁
　　…… 各小さじ1

作り方

1. にらは3cm長さのざく切りにし、ねぎは1cm幅の斜め切りにする。

2. 電子レンジ対応の袋に豚肉、**1**、**A**を入れ、よく揉み込み、5分チン。

スパイシーな味わいが
クセになる！

1人分 **213**kcal / たんぱく質 **17.0**g / 炭水化物 **14.2**g / 脂質 **12.4**g

チリコンカン

材料（2人分）

豚ひき肉 —— 100g
大豆水煮 —— 100g
玉ねぎ —— 1/2個
カットトマト缶 —— 1/2缶
コンソメ —— 小さじ2
チリパウダー・クミンパウダー
　—— 各小さじ1
塩胡椒 —— 少々
にんにくチューブ —— 小さじ1/2
水 —— 100mℓ

作り方

1 玉ねぎはみじん切りにする。耐熱容器に全ての材料を入れ、ふんわりとラップをし、**4分チン**して一旦取り出す。全体を混ぜ、再度**4分チン**。

オイスターソースで香り高くてたまらない！

1人分 **242** kcal ／ たんぱく質 **16.9** g ／ 炭水化物 **12.1** g ／ 脂質 **14.7** g

豚肉のオイスター炒め

材料（2人分）

豚ロース肉 —— 150g
キャベツ —— 1/6個
にんじん —— 1/3本
赤パプリカ —— 1/2個

A
| オイスターソース・塩麹・料理酒
—— 各大さじ1
砂糖・醤油
—— 各小さじ1
にんにくチューブ
—— 小さじ1/2
塩胡椒 —— 少々

作り方

1. キャベツは食べやすい大きさに切り、にんじんは3cm長さの短冊切りにし、パプリカは種とわたを除いて1cm幅に細切りにする。

2. 電子レンジ対応の袋に豚肉と**1**、**A**を入れ、よく揉み込み、6分チン。

シャキシャキもやしと
美味しい豚肉で大満足!

1人分	326kcal	たんぱく質	22.8g	炭水化物	13.8g	脂質	20.5g

豚肉ともやしのニラダレ

材料（2人分）

豚ロース —— 200g
もやし —— ½袋
にら —— 20g

A
コチュジャン・醤油
—— 各大さじ2
白いりごま
—— 大さじ½
砂糖 —— 大さじ1
にんにくチューブ
—— 小さじ1

作り方

1 もやしは水洗いして耐熱容器に入れ、そのうえに豚肉をのせる。ふんわりとラップをし、**4分チン**。

2 にらは1cm幅に小さく切り、**A**を混ぜ合わせてタレを作り、**1**にかける。

CHAPTER
2

[たんぱく質たっぷりの
魚レシピ]

外はカリッと、中はジューシー！
ぶりの旨味が凝縮！

50

1人分 **244** kcal / たんぱく質 **16.4** g / 炭水化物 **6.9** g / 脂質 **18.4** g

ぶりの竜田揚げ風

材料（2人分）

ぶり —— 2切れ

A | 醤油 —— 大さじ2
| 砂糖・生姜チューブ —— 各小さじ1

片栗粉 —— 大さじ1〜2

オリーブオイル —— 大さじ1

作り方

① **A**を混ぜ合わせたものに魚を10分浸す。

② **1**の汁気を切ったら、キッチンペーパーで水分をとり、片栗粉をまぶす。

③ 耐熱容器に並べ、オリーブオイルをかけ、ラップはせずに、**5分チン**。

カレー風味が新感覚の
竜田揚げ！

1人分	たんぱく質	炭水化物	脂質
251kcal	16.7g	8.2g	18.6g

ぶりのカレー竜田

材料（2人分）

ぶり —— 2切れ

A
醤油 —— 大さじ2
砂糖・生姜チューブ —— 各小さじ1
カレー粉 —— 小さじ1/2

片栗粉 —— 大さじ1〜2
カレー粉 —— 小さじ1/2〜1
オリーブオイル —— 大さじ1

作り方

① Aを混ぜ合わせたものに魚を10分浸す。

② 1の汁気を切ったら、キッチンペーパーで水分をとり、片栗粉とカレー粉を合わせたものをまぶす。

③ 耐熱容器に並べ、オリーブオイルをかけ、ラップはせずに、6分チン。

レモンバターで贅沢な一皿！

1人分 **246**kcal ╱ たんぱく質 **16.5**g ╱ 炭水化物 **2.0**g ╱ 脂質 **12.4**g

ぶりのレモンバター醤油焼き

材料（2人分）

ぶり ── 2切れ

A
- 有塩バター ── 10g×2個
- 醤油 ── 大さじ2
- 料理酒 ── 大さじ1

レモンスライス ── 2枚

作り方

1. ぶりはキッチンペーパーで水分をとり、耐熱容器に**1**と**A**を入れ、ふんわりとラップをし、**5分チン**。最後にレモンをのせる。

王道のぶりの照り焼きを
超手軽に美味しく!

1人分	たんぱく質	炭水化物	脂質
278kcal	**16.9**g	**22.9**g	**12.4**g

ぶりの照り焼き

材料（2人分）

ぶり ⸺ 2切れ
長ねぎ ⸺ ½本

A
　醤油・みりん・料理酒
　　⸺ 各大さじ2
　はちみつ ⸺ 大さじ1
　片栗粉 ⸺ 小さじ1

作り方

1. ぶりはキッチンペーパーで水分をとり、耐熱容器に混ぜ合わせた **A** と魚と長ねぎを入れ、ふんわりとラップをし、5分チン。

ごまの風味が
ぶりを引き立てる！

1人分	たんぱく質	炭水化物	脂質
251kcal	**17.4**g	**9.8**g	**16.7**g

ぶりのごま照り焼き

材料（2人分）

ぶり …… 2切れ

A 醤油・みりん・料理酒
　　…… 各大さじ1
　　砂糖 …… 小さじ2

黒ごま・白ごま
　　…… 各大さじ1

作り方

① ぶりはキッチンペーパーで水分をふき取り、混ぜ合わせた **A** にぶりを5分程度つける。

② 黒ごまと白ごまを混ぜ合わせ、**1** に入れ、耐熱容器に入れてふんわりとラップをし、5分チン。

さばと大根の絶妙なハーモニー！
ヘルシーで美味しい！

1人分 **202**kcal / たんぱく質 **13.4**g / 炭水化物 **14.3**g / 脂質 **10.6**g

さば大根

材料（2人分）

さば味噌缶 —— 1缶
大根 —— $1/4$本
料理酒 —— 大さじ1
A 料理酒・醤油・砂糖 —— 各大さじ1
　　生姜チューブ —— 小さじ$1/2$
お好みで小ねぎ —— 適量

作り方

1 大根は皮をむき、5㎜〜1㎝幅のいちょう切りにする。耐熱容器に大根と料理酒を入れ、ふんわりとラップをし、**6分チン**。

2 **A**とさば味噌缶を汁ごと入れ、ふんわりとラップをし、**3分チン**。お好みで小ねぎを散らす。

ごま味噌でコク深いさば煮!

1人分 **273** kcal / たんぱく質 **14.3** g / 炭水化物 **13.1** g / 脂質 **18.7** g

さばのごま味噌煮

材料（2人分）

さば味噌缶 —— 1缶
ピーマン —— 1個
なす —— 1本
A 砂糖・醤油・料理酒・すりごま —— 各大さじ1
ごま油 —— 大さじ1

作り方

1 なすは乱切りにし、水に5分程度さらす。ピーマンは種とわたを取り、食べやすい大きさに切る。

2 耐熱容器になすとピーマンとごま油を入れ、上にさば味噌缶と**A**を入れ、ふんわりとラップをし、**8分チン**。

トマトとチーズで
イタリアン風！

1人分 **204** kcal / たん ぱく質 **15.0** g / 炭水 化物 **8.6** g / 脂質 **13.1** g

さばのトマトチーズ焼き

材料（2人分）

さば味噌缶 —— 1缶
トマト —— 1個
チーズ —— 適量
お好みでパセリ —— 少々

作り方

① トマトは輪切りにする。

② 耐熱容器にトマトの半分を入れ、さば味噌缶を汁ごと入れ、さばを少しほぐす。その上に残りのトマトをのせ、チーズを載せ、**4分チン**。
お好みでパセリをのせて完成。

ねぎ塩レモンで爽やかさ倍増！

| 1人分 **306** kcal | たんぱく質 **18.7** g | 炭水化物 **2.5** g | 脂質 **25.4** g |

焼きさばのねぎ塩レモン

材料（2人分）

塩さば …… 2切れ
料理酒 …… 大さじ1

A
　ねぎみじん切り
　　…… 6cm分
　にんにくチューブ・
　レモン汁・
　鶏ガラスープの素
　　…… 各小さじ1
　ごま油 …… 大さじ2
　塩・こしょう …… 少々

作り方

① 耐熱容器にさばを入れ、酒を回し入れ、ふんわりとラップをし、**8分チン**。

② **A**を全て混ぜ合わせ、**1**にかける。

さば缶で
手軽に本格キーマ!

| 1人分 **308** kcal | たんぱく質 **18.7** g | 炭水化物 **35.3** g | 脂質 **13.1** g |

※ライスと卵は栄養価に入れていません。

さば缶キーマカレー

材料（2人分）

さば缶（汁気切る）------ 1缶
玉ねぎ------ ½個
にんじん------ ½本
エリンギ------ 1本
にんにくチューブ------ 小さじ1
有塩バター------ 10g

Ａ
カットトマト缶------ ½缶
水------ 100㎖
ケチャップ------ 大さじ4
カレー粉------ 大さじ3
ウスターソース------ 大さじ1
はちみつ------ 小さじ1

お好みで卵

作り方

① 玉ねぎとにんじんとエリンギはみじん切りにし、耐熱容器に入れ、ふんわりとラップをし、**3分チン**。

② **1**に少しほぐしたさば缶とバター、にんにく、**Ａ**を入れて混ぜ、ふんわりとラップをし、**5分チン**。

何個も食べてしまう！
ヘルシーだけどクセになる上品な味わい！

1人分 **127**kcal / たん ぱく質 **12.1**g / 炭水 化物 **14.7**g / 脂質 **1.6**g

えびとはんぺんの真丈

材料（2人分）

えび ── 50g
はんぺん ── 1枚
枝豆 ── 30g
紅ショウガ ── 5g

A 鶏ガラスープの素・生姜チューブ ── 各小さじ1/2
　料理酒・片栗粉 ── 各大さじ1

B 醤油・みりん・片栗粉 ── 各小さじ1
　水 ── 100㎖

作り方

① えびと紅ショウガはみじん切りにする。はんぺんは袋の上から揉み、形がなくなる程度に潰す。ポリ袋にえびとはんぺん、紅ショウガ、**A**を入れ、よくこねる。

② **1**に枝豆を加えて成形する。耐熱容器に並べ、ふんわりとラップをし、**5分チン**。

③ **B**を混ぜ合わせたものを**2**に入れ、ふんわりとラップをし、**1分チン**。

CHAPTER 2 — 魚レシピ

めかじきとトマトの
ベストマッチ！

| 1人分 **150** kcal | たんぱく質 **14.4** g | 炭水化物 **13.5** g | 脂質 **5.5** g |

めかじきのトマトソース

材料（2人分）

めかじき…… 2切れ
玉ねぎ……¹/₂個
ケチャップ…… 大さじ2
水…… 大さじ3
鶏ガラスープの素・豆板醤
　　…… 各小さじ1
砂糖…… 大さじ1

作り方

(1) 玉ねぎはみじん切りにする。魚はキッチンペーパーで水分をとり、耐熱容器に全ての材料を入れ、ふんわりとラップをし、**5分チン**。

めかじきのホロホロ角煮が美味！

1人分	たんぱく質	炭水化物	脂質
184 kcal	**15.0** g	**14.1** g	**5.4** g

めかじきの角煮

材料（2人分）

めかじき —— 2切れ

A ┃ 生姜 —— 1かけ
┃ 醤油・みりん・料理酒
　　　　 —— 各大さじ2
┃ 砂糖 —— 大さじ1

長ねぎ（緑の部分）
　—— 1/2本（臭みとり用）

作り方

1. めかじきは一口大に切る。生姜は千切りにする。

2. 耐熱容器に**1**と**A**を入れ、ふんわりとラップをし、5分チン。

梅と紫蘇で
さっぱり美味しくいただく!

1人分 **186** kcal / たんぱく質 **15.1**g / 炭水化物 **14.8**g / 脂質 **5.4**g

めかじきの梅紫蘇照り焼き

材料（2人分）

めかじき —— 2切れ

A
| 醤油・みりん・料理酒
| —— 各大さじ2
| 砂糖 —— 大さじ1
| 梅干し —— 2個
| 大葉 —— 3枚

作り方

1 魚はキッチンペーパーで水分をとり、大葉は千切りし、梅干しは種を除き、包丁でたたく。

2 魚に**A**を全て混ぜ合わせたものを塗り、耐熱容器に並べ、ふんわりとラップをし、**5分チン**。

ねぎ味噌で風味豊かに！

| 1人分 **166** kcal | たんぱく質 **15.0** g | 炭水化物 **22.3** g | 脂質 **1.5** g |

めかじきのねぎ味噌焼き

材料（2人分）

めかじき —— 2切れ

A
| 味噌 —— 大さじ3
| みりん —— 大さじ2
| 砂糖 —— 大さじ1
| 小ねぎ —— 適量

作り方

1 魚はキッチンペーパーで水分をとり、**A**を全て混ぜ合わせたものを塗り、耐熱容器に並べ、ふんわりとラップをし、**5分チン**。

塩昆布で旨味たっぷりの鮭！

| 1人分 **209** kcal | たんぱく質 **14.9** g | 炭水化物 **4.4** g | 脂質 **15.1** g |

鮭の塩昆布蒸し

材料（2人分）

鮭 …… 2切れ
キャベツ …… 3枚
料理酒 …… 大さじ1
塩胡椒 …… 少々
塩昆布 …… 6g
ごま油 …… 大さじ1

作り方

1. キャベツは食べやすい大きさにちぎり、耐熱容器に並べ、上に鮭をのせ、塩胡椒をふり、料理酒とごま油を回しかける。塩昆布をまんべんなくのせ、ふんわりとラップをし、**6分チン**。

バターとポン酢でコク旨鮭！

| 1人分 | 151kcal | たんぱく質 | 15.7g | 炭水化物 | 14.8g | 脂質 | 19.2g |

鮭のバタポン蒸し

材料（2人分）

鮭 —— 2切れ
片栗粉 —— 大さじ1
塩胡椒 —— 少々
まいたけ —— ½パック
しいたけ —— 2個

A
ポン酢 —— 大さじ3
料理酒 —— 大さじ2
砂糖 —— 小さじ1
みりん —— 大さじ1

有塩バター —— 10g

作り方

1. 鮭はキッチンペーパーで水分をとり、塩胡椒をして片栗粉をまぶす。しいたけは石づきを取り、スライスし、まいたけもほぐしておく。

2. 耐熱容器に鮭ときのこを入れ、**A**とバターも入れてふんわりとラップをし、6分チン。

豆乳クリームで優しい味わい！

1人分	246kcal	たんぱく質 19.1g	炭水化物 15.2g	脂質 13.3g

鮭の豆乳クリーム煮

材料（2人分）

鮭……2切れ
玉ねぎ……½個
ほうれん草……50g

A
　豆乳……200㎖
　米粉……大さじ2
　顆粒コンソメ……小さじ1
　塩胡椒……少々
　有塩バター……5g

作り方

① 鮭はキッチンペーパーで水分をとり、耐熱容器に玉ねぎ→ほうれん草→鮭の順にのせ、ふんわりラップをし、**4分チン**。

② **A**を混ぜ合わせたものを入れ、ふんわりとラップをし、**2分チン**。

中華風でクセになる美味しさ！

1人分	たんぱく質	炭水化物	脂質
274kcal	**15.3**g	**13.8**g	**16.9**g

鮭の中華味噌焼き

材料（2人分）

鮭 ⋯⋯ 2切れ

A
ごま油 ⋯⋯ 大さじ1
テンメンジャン・みりん
⋯⋯ 各大さじ2
豆板醤 ⋯⋯ 小さじ1
ごま ⋯⋯ 適量

作り方

1. 鮭はキッチンペーパーで水分をとり、**A**を混ぜ合わせたものを鮭に塗り、ごまをふりかけ、耐熱容器に並べ、ふんわりとラップをし、**6分チン**。

コーンクリームで甘旨な逸品！

1人分 **278** kcal	たんぱく質 **19.0**g	炭水化物 **28.5**g	脂質 **11.8**g

鮭のコーンクリーム煮

材料（2人分）

鮭 —— 2切れ
玉ねぎ —— ½個
しめじ —— ½袋

A
　コーン缶 —— 200g
　牛乳 —— 100㎖
　コンソメ —— 大さじ½
　塩胡椒 —— 少々

お好みでパセリ —— 少々

作り方

1. 玉ねぎは薄切りに、しめじは石づきをとり、ほぐす。

2. 耐熱容器に玉ねぎ→しめじ→鮭の順に入れ、ふんわりとラップをし、**4分チン**。

3. **2**に**A**を混ぜ合わせたものを入れ、ふんわりとラップをし、**2分チン**。お好みでパセリをかける。

鮭の豊かな味わい、
味噌マヨの絶妙なハーモニー！

1人分 253 kcal	たんぱく質 16.7 g	炭水化物 12.1 g	脂質 16.4 g

鮭の味噌マヨ焼き

材料（2人分）

鮭 —— 2切れ

A
マヨネーズ
—— 大さじ1と½
味噌・みりん
—— 各大さじ1

えのき —— ½袋

しめじ —— ½パック

作り方

1 鮭はキッチンペーパーで水分をとり、**A**を全て混ぜ合わせる。

2 耐熱容器に鮭を入れ、周りにきのこも入れ、ふんわりとラップをし、4分チン。

3 一旦取り出し、**A**を上からかけ、2分チン。

鮭の新鮮な旨み、
南蛮漬けでさらに魅力的に!

1人分 **274** kcal / たんぱく質 **16.2** g / 炭水化物 **20.3** g / 脂質 **15.2** g

鮭の南蛮漬け

材料(2人分)

鮭 —— 2切れ

塩胡椒 —— 少々

片栗粉 —— 小さじ2

オリーブオイル —— 大さじ1

ピーマン —— 1個

玉ねぎ —— 1/2個

にんじん —— 1/3本

A | 水・砂糖・醤油・酢
　　　 —— 各大さじ2

作り方

① 鮭はキッチンペーパーで水分をとり、塩胡椒をふり、片栗粉もまぶしたら、オリーブオイルをかけ、耐熱容器にならべ、ラップはせずに、**5分チン**。

② ピーマンは種とわたを除き、細切りに、玉ねぎも薄くスライスし、にんじんは千切りにする。別の耐熱容器に入れ、ふんわりとラップをして**3分チン**し、そこに**A**を入れ、鮭の上からかける。

オイルに満ちた、
アヒージョの深い味わいと香り

アヒージョ

材料（2人分）

シーフードミックス —— 150g
ブロッコリー —— 100g
まいたけ —— 1袋
オリーブオイル —— 大さじ4
にんにく —— 2かけ
塩 —— 小さじ1/2
こしょう —— 少々

作り方

1. ブロッコリーは小房に分け、にんにくはみじん切りする。

2. 耐熱容器に全ての材料を入れ、ふんわりとラップをし、**5分チン**。

さばとじゃがいもの絶妙コンビ、
心温まる一皿

| 1人分 | 278kcal | たんぱく質 | 15.7g | 炭水化物 | 35.3g | 脂質 | 10.7g |

さばじゃが

材料（2人分）

さば味噌缶 ────1缶
じゃがいも ────2個
にんじん ────1/3本
玉ねぎ ────1個
A｜醤油・みりん
　　────各大さじ1

作り方

1. じゃがいもとにんじんは皮をむいて、食べやすいくらいの乱切りにする。玉ねぎは1cm幅にスライスする。耐熱容器に切った野菜を入れ、ふんわりとラップをし、8分チン。

2. 1にさば味噌缶、Aを入れ、よく混ぜてふんわりとラップをし、5分チン。

さんまのかば焼きに
卵とじでふんわりとした優しさを

1人分	**181** kcal	たんぱく質	**14.4** g	炭水化物	**4.4** g	脂質	**12.1** g

さんまのかば焼きの卵とじ

材料（2人分）

さんまのかば焼き（汁ごと）
…… 2缶

めんつゆ（4倍濃縮）
…… 大さじ2

卵 …… 2個

お好みで小ねぎ …… 適量

作り方

1 さんまのかば焼きは少しほぐし、耐熱容器に全ての材料を入れ、ふんわりとラップをし、2〜3分チン。お好みで小ねぎをかける。

赤魚の深みと大葉の清涼感、
味噌の風味が活きる！

1人分 **161**kcal	たんぱく質 **14.6**g	炭水化物 **18.0**g	脂質 **2.4**g

赤魚の大葉味噌焼き

材料（2人分）

赤魚 ── 2切れ

A
　みそ ── 大さじ3
　みりん ── 大さじ1と$\frac{1}{2}$
　料理酒 ── 大さじ1
　砂糖 ── 小さじ1

大葉 ── 4枚

作り方

(1) 赤魚はキッチンペーパーで水分をとる。大葉は千切りにし、**A**に入れて混ぜ合わせ、赤魚に塗る。

(2) 耐熱容器に並べ、ふんわりとラップをし、**5分チン**。

赤魚の旨みが凝縮、
優しい甘辛煮つけで!

1人分	たんぱく質	炭水化物	脂質
125kcal	**13.3**g	**11.4**g	**1.7**g

赤魚の煮つけ

材料（2人分）

赤魚 …… 2切れ

A
- 醤油・料理酒 …… 各大さじ2
- はちみつ …… 大さじ1
- 生姜チューブ …… 小さじ1

作り方

1. 耐熱容器に**A**を混ぜ合わせたもの、赤魚を入れて10分程度置き、ふんわりとラップをし、**6分チン**。

海の恵みがあふれる、
色とりどりのアクアパッツァ!

アクアパッツァ

材料（2人分）

鯛ーーー 2切れ
ブロッコリーーーー 100g
ミニトマトーーー 6個
塩麹ーーー 大さじ2
水ーーー 150㎖
にんにくーーー 1片
こしょうーーー 少々
オリーブオイルーーー 大さじ1

作り方

1. ブロッコリーは小房に分ける。ミニトマトはつまようじで数カ所さし、にんにくは薄切りにする。

2. 耐熱容器にミニトマト以外の材料を入れ、ふんわりとラップをし、**5分チン**。残り2分でミニトマトを入れ、完成。

鱈のふんわり食感に
カレーマヨが絡む贅沢！

1人分		たんぱく質		炭水化物		脂質	
114kcal		**12.5**g		**1.1**g		**7.7**g	

鱈のカレーマヨ焼き

材料（2人分）

鱈…… 2切れ

A
　カレー粉…… 小さじ1
　マヨネーズ
　…… 大さじ1と1/2

作り方

① 鱈はキッチンペーパーで水分を取り、耐熱容器に入れ、ふんわりとラップをし、4分チン。

② Aを混ぜ合わせたものを上に塗り、ふんわりとラップをし、2分チン。

鱈のしっとりとした食感、ピリ辛で食欲をそそる!

1人分 **94**kcal / たんぱく質 **14.8**g / 炭水化物 **8.1**g / 脂質 **0.9**g

鱈のピリ辛蒸し

材料（2人分）

鱈 …… 2切れ
もやし …… 1/2袋
豆苗 …… 1/3袋
料理酒 …… 大さじ1

A
┃　オイスターソース・酢
┃　　…… 各大さじ2
┃　砂糖 …… 小さじ2
┃　醤油・豆板醤
┃　　…… 各小さじ1

作り方

① 耐熱容器にもやし→豆苗の順番でのせ、その上に鱈をのせ、酒を回し入れ、ふんわりとラップをし、**5分チン**。

② **1**の上に**A**を混ぜ合わせたものをかけて完成。

鱈の柔らかさと甘酢あんの
ハーモニーが絶品!

1人分 **173**kcal	たんぱく質 **13.4**g	炭水化物 **29.6**g	脂質 **0.9**g

鱈の甘酢あん

材料（2人分）

鱈 —— 2切れ
玉ねぎ —— 1/4個
黄パプリカ —— 1/2個
ピーマン —— 1個
片栗粉 —— 小さじ1

A
ケチャップ・はちみつ
—— 各大さじ2
酢 —— 大さじ3
醤油 —— 小さじ1

作り方

① 玉ねぎは1cm幅にスライスし、ピーマンとパプリカは種とわたをのぞき、食べやすい大きさに切ったら、ふんわりとラップをし、**4分チン**。

② 鱈はキッチンペーパーで水分をとり、片栗粉をまぶし、**1**に入れ、ふんわりとラップをし、**4分チン**。

③ **2**に全て混ぜ合わせた**A**を入れ、ふんわりとラップをし、**1分チン**。

鱈の旨みが溶け込んで
たまらない美味しさ！

| 1人分 **171**kcal | たんぱく質 **13.1**g | 炭水化物 **15.7**g | 脂質 **6.9**g |

鱈ちり

材料（2人分）

鱈 ⸺ 2切れ
玉ねぎ ⸺ ¹/₄個

A
豆板醤・にんにくチューブ・
生姜チューブ
⸺ 各小さじ¹/₂
水・ケチャップ
⸺ 各大さじ3
料理酒 ⸺ 大さじ1
砂糖・鶏ガラスープの素
⸺ 各小さじ1

片栗粉 ⸺ 大さじ1
ごま油 ⸺ 大さじ1

作り方

1 鱈はキッチンペーパーで水分をとり、玉ねぎは薄くスライスする。

2 鱈に片栗粉をまぶし、ごま油を上からかけてラップをせずに、4分チン。

3 **A**と玉ねぎを混ぜ合わせ、**2**にかけて、ふんわりとラップをし、4分チン。

ねぎポン酢でさっぱりと、
鱈の絶品料理！

| 1人分 | 120kcal | たんぱく質 14.2g | 炭水化物 3.8g | 脂質 5.3g |

鱈のねぎポン酢しょうゆ

材料（2人分）

鱈 —— 2切れ
塩 —— 少々
料理酒 —— 大さじ1
A {
　ねぎみじん切り —— 6cm分
　ポン酢 —— 大さじ2
　醤油 —— 大さじ1と½
　ごま油 —— 小さじ2
　いりごま —— 適量
}

作り方

1. 鱈は塩をふり、少し時間を置く。キッチンペーパーで水分をとり、耐熱容器に並べ酒を回しかけ、ふんわりとラップをし、**5分チン**。

2. **A**を全て混ぜ合わせ、**1**にかける。

オーロラソースが映える
上品な味わい

1人分 **164**kcal	たんぱく質 **14.5**g	炭水化物 **3.0**g	脂質 **10.7**g

鱈のオーロラソース

材料（2人分）

鱈 …… 2切れ

A
- マヨネーズ …… 大さじ2
- ケチャップ …… 大さじ1
- パルメザンチーズ …… 少々

作り方

1. 鱈はキッチンペーパーで水分をとり、耐熱容器に入れ、ふんわりとラップをし、**4分チン**。

2. **A**を全て混ぜ合わせ、鱈に塗り、ふんわりとラップをし、**1分チン**。

鱈とごまマヨのコンビが
織りなす豊かな味

1人分 201kcal	たんぱく質 14.0g	炭水化物 5.9g	脂質 14.2g

鱈のごまマヨ焼き

材料（2人分）

鱈 —— 2切れ

A マヨネーズ・すりごま
—— 各大さじ2
みりん —— 大さじ1

作り方

① 鱈はキッチンペーパーで水分をとり、耐熱容器に入れ、ふんわりとラップをし、**4分チン**。

② **A**を全て混ぜ合わせ、鱈の上に塗り、**2分チン**。

見た目から美味しさあふれる

卵・野菜レシピ

滑らかで優しい味わい！
心ほどける茶碗蒸し！

1人分 114kcal / たんぱく質 10.9g / 炭水化物 3.9g / 脂質 6.5g

茶碗蒸し

材料（2人分）

卵……2個
枝豆……20g
かにかま……4本
水……300mℓ
白だし……大さじ2

作り方

1. 卵は割って、水と白だしを入れて混ぜ、耐熱コップに入れる。
2. **1**に割いたかにかまと枝豆を入れてふんわりとラップをし、**3〜4分チン**。

じゃことピーマンの食感が楽しい！
彩り豊かな一皿！

1人分	69kcal	たんぱく質 3.8g	炭水化物 6.8g	脂質 3.4g

ピーマンのじゃこ炒め

材料（2人分）

ピーマン …… 4個
ちりめん …… 20g

A | 砂糖 …… 小さじ2
　 | 醤油 …… 大さじ1
　 | ごま油 …… 大さじ1/2

作り方

① ピーマンは種とわたを取り、細切りにする。

② 耐熱容器に**1**とちりめんと**A**を入れ、ふんわりとラップをし、**3分チン**。

ひき肉とピーマンの最強タッグ、
香ばしい一皿！

1人分 **140** kcal / たんぱく質 **6.4** g / 炭水化物 **16.5** g / 脂質 **3.1** g

ピーマンとひき肉の炒め物

材料（2人分）

ピーマン ⋯⋯ 3個
鶏むねひき肉 ⋯⋯ 50g

A
醤油・みりん・料理酒
⋯⋯ 各大さじ2
砂糖 ⋯⋯ 大さじ1
生姜チューブ
⋯⋯ 小さじ1

作り方

1 ピーマンは種とわたをとり、千切りにする。

2 耐熱容器にピーマンと鶏ひき肉、**A** を入れ、ふんわりとラップをし、4分チン。

きのこの食感にピリ辛が効いた刺激的な味わい！

1人分	**67**kcal	たんぱく質 **3.4**g	炭水化物 **8.2**g	脂質 **3.5**g

きのこのピリ辛和え

材料（3～4人分）

えのき……1袋
しめじ……1パック
まいたけ……1パック
A｜めんつゆ……大さじ2
　｜ごま油……大さじ1
小ねぎ……少々
一味唐辛子……少々

作り方

① えのきは石づきを切り、3cm幅に切る。しめじ、まいたけは石づきをとりほぐす。

② 耐熱容器に**1**を入れ、ふんわりとラップをし、**3分チン**。

③ **A**を入れて混ぜ、小口切りにしたねぎと一味を振って完成。

パプリカの鮮やかさと
カレーのスパイスが魅力!

1人分	たんぱく質	炭水化物	脂質
61kcal	**0.7**g	**6.0**g	**4.2**g

パプリカのカレーマリネ

材料（2〜3人分）

赤黄パプリカ
　……各1個

A 　カレー粉・砂糖
　　……各小さじ1
　酢・オリーブオイル
　　……各大さじ1

作り方

1 パプリカは種とわたをとって、2cm
幅に切る。耐熱容器に入れ、ふん
わりとラップをし、**4分チン**。

2 **A**と混ぜ合わせて完成。

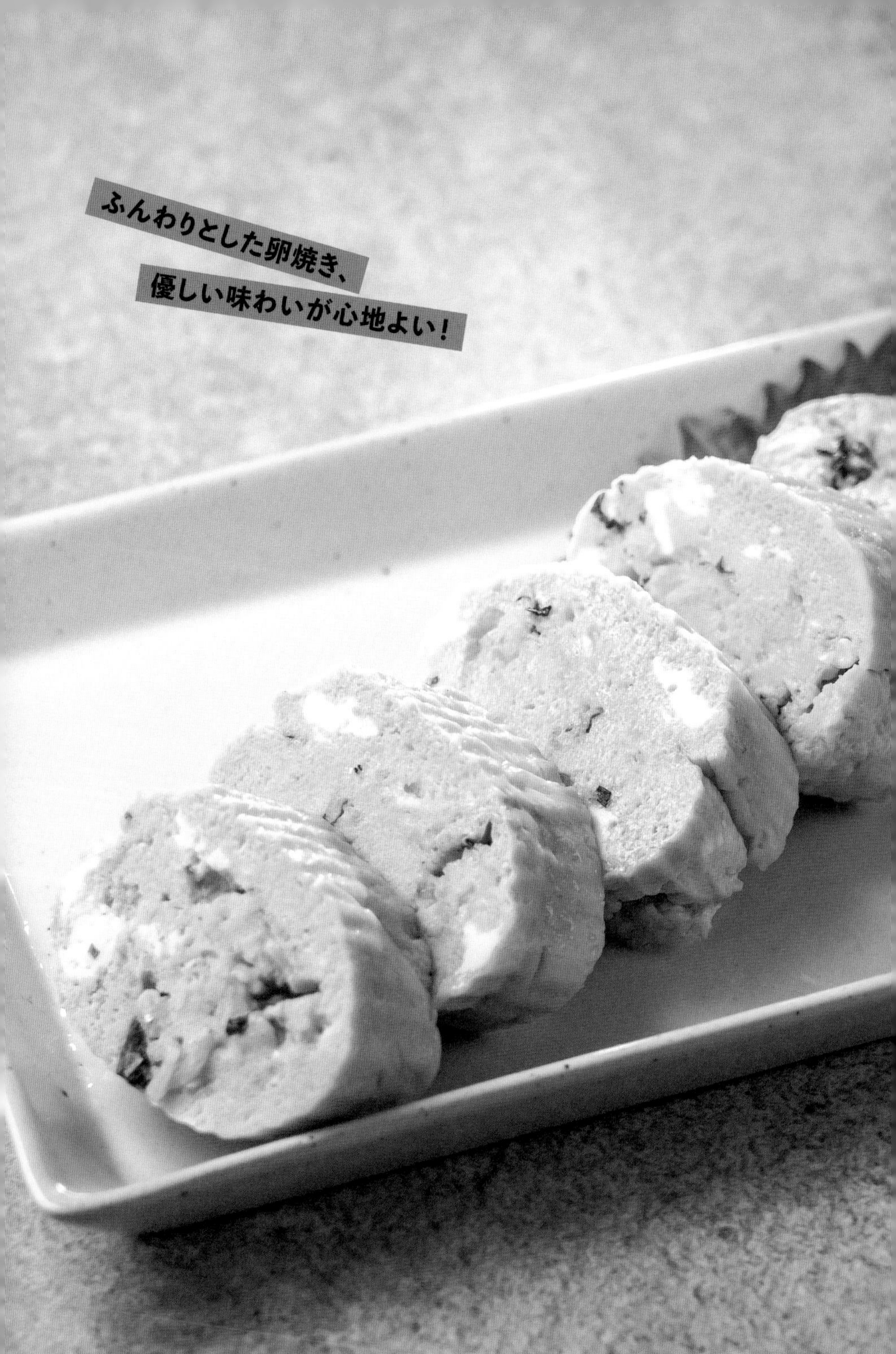
ふんわりとした卵焼き、
優しい味わいが心地よい！

卵焼き

材料（2〜3人分）

卵 ⋯⋯ 3個

A 白だし・砂糖 ⋯⋯ 各大さじ1
水 ⋯⋯ 大さじ2

ちりめん ⋯⋯ 大さじ2

紫蘇 ⋯⋯ 3枚

作り方

① ボウルに卵を入れ溶き、**A**、ちりめん、千切りにした紫蘇も加え、混ぜる。

② 耐熱容器にラップを敷き、**1**を流し入れ、ふんわりとラップをして**2分チン**し、一旦取り出したら、かき混ぜて再度**1分チン**。

③ 熱いうちに巻き、成形して切る。

たまごとえびの絶妙コンビ！
ほっこり美味しい一皿！

1人分 **127**kcal ／ たんぱく質 **9.2**g ／ 炭水化物 **1.5**g ／ 脂質 **9.8**g

卵とえびの炒め物

材料（2人分）

卵 …… 2個
えび（冷凍）…… 30g
レタス …… 3枚

A
マヨネーズ …… 大さじ1
塩胡椒 …… 少々
鶏ガラスープの素
…… 小さじ1

作り方

1 レタスは食べやすい大きさに切り、えびは自然解凍しておく。

2 深さがある耐熱容器にクッキングシートを敷き、**1**と溶き卵、**A**を入れて混ぜ、ふんわりとラップをし、3分チン。

白滝の新感覚！
パッタイ風で楽しむ
エキゾチック味

| 1人分 | **35**kcal | たんぱく質 | **3.6**g | 炭水化物 | **3.5**g | 脂質 | **1.5**g |

パッタイ風白滝

材料（2〜3人分）

白滝 …… 200g（1袋）
えび …… 30g
にら …… 1/2束
もやし …… 1/3袋

A
ナンプラー …… 大さじ2
鶏ガラスープの素 …… 大さじ1
ごま油・砂糖 …… 各小さじ1
生姜チューブ …… 小さじ1/2

作り方

① 白滝は袋から取り出し、水でよく洗う。耐熱ボウルに白滝と白滝がかぶるくらいの水を入れ、ふんわりとラップをし、**5分チン**。

② 水は捨て、再度ラップはせずに**5分チン**。

③ **②**に3cm幅に切ったにらともやしとえび、**A**を入れ、ふんわりとラップをし、**3分チン**。

101

さばとポテト、カレー風味で新しい味わい！

| 1人分 | **125**kcal | たんぱく質 **8.3**g | 炭水化物 **13.8**g | 脂質 **5.7**g |

さばのカレーポテト

材料（3〜4人分）

じゃがいも……2個
さば缶（水煮）……1缶
カレー粉・コンソメ
　……各小さじ1
有塩バター……10g
こしょう……適量

作り方

1 じゃがいもは皮をむき、食べやすい大きさに乱切りし、水にさらす。

2 水気を切ったじゃがいもとバターを耐熱容器に入れ、ふんわりとラップをし、**6分チン**。

3 汁気を切ったさば缶、カレー粉、コンソメ、こしょうを加え混ぜ、完成。

さつまいもの甘みに
ごまの香ばしさが
加わった逸品！

1人分	151kcal	たんぱく質	2.4g	炭水化物	29.9g	脂質	3.4g

さつまいものごま和え

材料（3〜4人分）

さつまいも …… 1本（300g）

A ┃ めんつゆ（4倍濃縮）・
　　砂糖 …… 各大さじ2
　　すりごま …… 大さじ3

作り方

① さつまいもはよく洗い、皮つきのまま
1.5cm角に切り、5分程度水にさらし
てふんわりとラップをし、**6分チン**。

② **A**を入れ、よく混ぜ合わせて完成。

ミニトマトの酸味と
ポン酢の爽やかなマッチ！

ミニトマトの
ポン酢和え

材料（2人分）

ミニトマト ······ 10個

A
ポン酢 ······ 大さじ2
めんつゆ（4倍濃縮）・ごま油・砂糖 ······ 各大さじ1
いりごま ······ 適量

作り方

① つまようじでミニトマトを数カ所さし、耐熱容器に入れてふんわりとラップをし、**1分半〜2分チン**。

② **A**を混ぜ合わせたものを**1**に入れ、完成。

| 1人分 **98**kcal | たんぱく質 **1.5**g | 炭水化物 **9.7**g | 脂質 **6.1**g |

ミニトマトの中華ダレ

材料（2人分）

ミニトマト …… 10個

A
酢・砂糖・醤油・
ねぎみじん切り
…… 各大さじ1

鶏ガラスープの素・
にんにくチューブ・
生姜チューブ
…… 各小さじ$1/2$

作り方

1. つまようじでミニトマトを数カ所さし、耐熱容器に入れてふんわりとラップをし、**2分チン**。

2. **A**を混ぜ合わせたものを**1**に入れ、完成。

お手軽だけど深い味わい！

1人分	**49**kcal	たんぱく質 **0.6**g	炭水化物 **5.2**g	脂質 **3.1**g

ミニトマトの白だしマリネ

材料（2人分）

ミニトマト……10個

A
- 白だし・酢……各大さじ1
- 砂糖……小さじ1
- オリーブオイル……大さじ½

作り方

1. つまようじでミニトマトを数カ所さし、耐熱容器に入れてふんわりとラップをし、**2分チン**。

2. **A**と混ぜ合わせて完成。

| 1人分 **57**kcal | たんぱく質 **2.2**g | 炭水化物 **12.7**g | 脂質 **0.2**g |

ミニトマトとねぎの煮びたし

材料（2〜3人分）

ミニトマト …… 10個
ねぎ …… 1本

A
水 …… 100mℓ
めんつゆ（4倍濃縮）
…… 30mℓ
生姜チューブ・砂糖
…… 各小さじ1/2

作り方

① つまようじでミニトマトを数カ所さし、ねぎは3cm長さに切る。

② 耐熱容器に**1**と**A**を入れ、ふんわりとラップをして6分チンし、冷ます。

シャキシャキもやしのナムルが
健康的で美味しい!

| 1人分 | **41**kcal | たんぱく質 | **1.1**g | 炭水化物 | **1.8**g | 脂質 | **3.6**g |

もやしのナムル

材料（2人分）

もやし ── 1袋
長ねぎ ── ½本

A ┌ 鶏ガラ・
　　　にんにくチューブ
　　　── 各小さじ1
　　└ ごま油 ── 大さじ1

お好みでごま ── 小さじ1

作り方

① もやしは水洗いし、ねぎは1cm幅の
斜め切りにし、耐熱容器に入れ、
ふんわりとラップをし、**3分チン**。

② **1**に**A**を加えて混ぜ、お好みでご
まをふって完成。

にんじんの甘さにカレーマヨが絡む、
魅惑の味!

1人分 86kcal / たんぱく質 5.5g / 炭水化物 6.0g / 脂質 5.5g

にんじんのカレーマヨ和え

材料（3人分）

にんじん……1本
枝豆……30g
ツナ缶（水煮、汁気切る）……1缶
カレー粉……小さじ1
マヨネーズ……大さじ1と$\frac{1}{2}$
塩胡椒……少々

作り方

1. にんじんは皮を剥き、千切りにして耐熱容器に入れ、ふんわりとラップをし、**3分チン**。

2. **1**に残りの材料を入れ、よく和えて完成。

にんじんのシャキシャキ感、
塩麹で味わい深く！

| 1人分 | 116kcal | たんぱく質 | 4.2g | 炭水化物 | 15.6g | 脂質 | 4.1g |

にんじんの塩麹金平

材料（3〜4人分）

にんじん —— 1本
ツナ缶（水煮） —— 1缶

A │ 塩麹 —— 大さじ1と½
│ みりん —— 大さじ2
│ ごま油 —— 大さじ1

いりごま —— 適量

作り方

1. にんじんは皮を剥き、千切りにする。耐熱容器ににんじんと**A**を入れ、ふんわりとラップをし、**3分チン**。

2. **1**にツナ缶（汁気切る）を入れ、和えて、上からいりごまを振って完成。

なすのねっとりとした食感！
煮びたしでほっこり！

1人分	**36**kcal	たんぱく質	**1.8**g	炭水化物	**8.9**g	脂質	**0.1**g

なすの煮びたし

材料（2人分）

なす ┄┄ 3本

A {
水 ┄┄ 200㎖
めんつゆ（4倍濃縮）
┄┄ 60㎖
生姜チューブ・砂糖
┄┄ 各小さじ1
}

大葉 ┄┄ 適量

作り方

1 なすは縦半分に切り、表面に網目状に切り込みを入れ、水にさらし、その後水気を切る。

2 耐熱容器に**1**と**A**を入れ、ふんわりとラップをして**10分チン**し、冷ます。千切りした大葉をのせ、完成。

CHAPTER 3 — 卵・野菜レシピ

113

なすの旨みを中華風で！
新しい味覚の発見！

1人分	**77**kcal	たんぱく質	**2.8**g	炭水化物	**7.2**g	脂質	**4.7**g

なすの中華和え

材料（3人分）

なす…… 4本

かにかま…… 3本

A
酢・醤油・ごま油・
鶏ガラスープの素
…… 各大さじ1
砂糖…… 大さじ1/2
にんにくチューブ
…… 小さじ1/2

いりごま…… 適量

作り方

① なすは両端を切り、縞目に皮をむき、ラップでくるんで**4分チン**。氷水にくぐらせたのち、手で縦に割いていく。

② ボウルになす、割いたかにかま、混ぜ合わせた**A**を入れてよく和えたら完成。

茶せん蒸しで楽しむ！
なすの新しい食感！

| 1人分 | **64**kcal | たんぱく質 | **2.7**g | 炭水化物 | **13.8**g | 脂質 | **0.1**g |

茶せん蒸しなす

材料（2人分）

なす …… 4本

A {
酢・醤油 …… 各大さじ2
砂糖 …… 大さじ1と1/2
ねぎ …… 大さじ1
生姜チューブ・
　にんにくチューブ
　　…… 各小さじ1
}

作り方

1 なすはがくを切り落とし、皮をむき、下の部分まで切らないように1cm間隔で縦に切り込みを入れ、5分程度水にさらす。ねぎはみじん切りにする。

2 水気を切り、1本ずつラップで巻き、耐熱容器に並べて**4分チン**。

3 ボウルに氷水を準備し、**2**をラップのまま入れて冷やす。**A**を混ぜ合わせ、冷めたなすにかけて完成。

本格豆乳坦々が簡単に作れる！

1人分 **264** kcal	たんぱく質 **21.2** g	炭水化物 **10.7** g	脂質 **17.0** g

豆腐のごま豆乳坦々

材料（2人分）

絹豆腐 —— 1丁
ほうれん草 —— 70g
鶏ひき肉 —— 100g

A
- 豆板醤・ごま油 —— 各小さじ1
- 生姜チューブ・にんにくチューブ —— 各小さじ$\frac{1}{2}$
- 味噌・すりごま —— 大さじ1

B
- 鶏ガラスープの素 —— 小さじ1
- 水・豆乳 —— 各100㎖

作り方

1. 耐熱容器にほうれん草、ひき肉、**A**を入れ、ふんわりとラップをし、4分チン。

2. **1**をよく混ぜて、その中に**B**を入れて、ふんわりとラップをし、再度2分チン。

3. 豆腐にかけて完成。

CHAPTER **3** —— 卵・野菜レシピ

ごまとツナ、じゃがいもで織りなす
美味のハーモニー！

1人分	194 kcal	たんぱく質	8.2 g	炭水化物	35.3 g	脂質	3.2 g

ごまツナじゃが

材料（3人分）

じゃがいも …… 2個
ツナ缶（水煮）…… 1缶
にんじん …… 1/2本
玉ねぎ …… 1/2個

A
醤油・水・料理酒・
みりん・砂糖・
すりごま
…… 各大さじ2

作り方

1 にんじんとじゃがいもは皮を剥き、乱切りにし、玉ねぎは1cm幅にスライスする。

2 耐熱容器に**1**を入れ、8分チン。

3 **2**にツナ（汁気切る）と**A**を加え、ふんわりとラップをし、5分チン。

ブロッコリーとエリンギの食感が楽しい、香り豊かなペペロン！

1人分	**85**kcal	たんぱく質 **3.6**g	炭水化物 **5.8**g	脂質 **6.4**g

ブロッコリーとエリンギのペペロン

材料（2人分）

ブロッコリー……100g

エリンギ……2本

A
- 輪切り唐辛子……少々
- にんにく……1かけ
- オリーブオイル……大さじ1
- 塩胡椒……少々

作り方

1. エリンギは食べやすい大きさに切り、ブロッコリーは小房に分け、にんにくはみじん切りにする。

2. **1** に **A** を全て入れ、ふんわりとラップをし、4分チン。

119

しいたけの香りと
コーンマヨの絶妙な融合!

| 1人分 | **76**kcal | / たんぱく質 | **1.3**g | / 炭水化物 | **4.1**g | / 脂質 | **7.0**g |

しいたけのコーンマヨ焼き

材料（2人分）

しいたけ …… 6個

A | マヨネーズ
 …… 大さじ1～1と1/2
塩胡椒 …… 少々
コーン …… 適量

作り方

① しいたけは石づきを取り、**A**は全て混ぜる。

② しいたけに**A**をのせ、耐熱容器に並べ、ラップはせずに、**4分チン**。

1人分 **206** kcal	たんぱく質 **9.7**g	炭水化物 **23.0**g	脂質 **9.2**g

厚揚げの甘酢あん

材料（3人分）

厚揚げ —— 2枚

赤パプリカ・黄パプリカ
　　—— 各½個

ピーマン —— 1個

玉ねぎ —— ½個

A
ケチャップ・はちみつ
　　—— 各大さじ2
酢 —— 大さじ3
醤油 —— 小さじ1
水溶き片栗粉
（片栗粉 小さじ1＋水 小さじ2）

作り方

1 厚揚げは一口大に切り、パプリカとピーマンは種とわたを取り、食べやすい大きさに切る。玉ねぎは1cm幅に切る。

2 耐熱容器に野菜を入れ、ふんわりとラップをし、**4分チン**。取り出して厚揚げと**A**を入れ、再度**3分チン**。

ツナマヨの豊かな味わい！
厚揚げでさらに美味しい！

厚揚げのツナマヨ

材料（2人分）

厚揚げ —— 2枚

A ｜ ツナ缶（水気切る）—— 1缶
｜ マヨネーズ —— 大さじ1
｜ 醤油 —— 小さじ1

小ねぎ・刻みのり —— 各適量

作り方

1. 厚揚げは底が抜けないように中身をくり抜く。

2. **1**の除いた部分と**A**を混ぜ合わせ、くり抜いたところに入れる。

3. 耐熱容器に入れ、**4分チン**。仕上げに小ねぎや刻みのりを上からかける。

CHAPTER **3** — 卵・野菜レシピ

かぼちゃの優しい甘さが引き立つ、
彩り豊かなサラダ！

| 1人分 | **57**kcal | たんぱく質 **2.3**g | 炭水化物 **6.8**g | 脂質 **3.2**g |

かぼちゃサラダ

材料（3〜4人分）

かぼちゃ…… 200g
大豆（水煮缶）…… 30g
水切りヨーグルト…… 50g
マヨネーズ
　…… 大さじ1〜1と½
こしょう…… 少々

作り方

1 かぼちゃは適当な大きさに切って、耐熱容器に入れ、ふんわりとラップをし、**5分チン**してつぶす。

2 **1**にヨーグルト、豆、マヨネーズ、こしょうを入れ味付けする。

バターのコクとかぼちゃの甘さが
絶妙なハーモニー！

1人分	68kcal	たんぱく質	1.0g	炭水化物	9.5g	脂質	3.1g

バターカボチャ

材料（2〜3人分）

かぼちゃ……¹/₈個

A
| 砂糖……大さじ¹/₂
| みりん……大さじ1
| 有塩バター……10g

黒ごま……適量

作り方

1 かぼちゃは5㎜〜1㎝幅のアーチ状に切り、耐熱容器に並べ、ふんわりとラップをし、4〜5分チン。

2 **A**を30秒チンし、**1**と和える。黒ごまを振って完成。

抹茶の深い味わいが魅せる、上品な甘さ！

1人分	たんぱく質	炭水化物	脂質
142 kcal	**12.2** g	**24.8** g	**6.5** g

抹茶ケーキ

材料（3〜4人分）

絹豆腐 ——— 200g
卵 ——— 2個
はちみつ ——— 大さじ2
抹茶パウダー ——— 大さじ3
砂糖 ——— 大さじ2
粉糖 ——— 少々

作り方

① 豆腐は水気を切り、ボウルに入れ、泡だて器でなめらかにする。

② 豆腐以外の材料を入れ、よく混ぜて、深さのある耐熱容器にクッキングシートを敷き、材料を流し入れ、ふんわりとラップをし、**6分チン**。

③ 食べやすい大きさに切って完成。

なめらかな舌触り、
心満たす甘いひと時

| 1人分 **173**kcal | たんぱく質 **9.3**g | 炭水化物 **21.3**g | 脂質 **7.4**g |

プリン

材料（2人分）

卵 ── 1個

砂糖 ── 大さじ2

オーツミルク ── 150㎖

A 水 ── 小さじ2
　 砂糖 ── 小さじ2

作り方

① 耐熱コップに **A**（水小さじ1と砂糖）を入れ、1〜2分チン。取り出し、残りの水小さじ1を加え、すみやかに混ぜる。

② ボウルに卵を溶き、砂糖を加え混ぜ、オーツミルクも加えて混ぜる。濾しながらカップに注ぎ入れ、ふんわりとラップをし、**1分半〜2分チン**。できたらラップはとらずにアルミホイルでカップを包んで10分程度放置し、固まるまで冷蔵庫で冷やす。

[著者]

小泉勇人（こいずみ・ゆうと）

茨城県神栖市出身の元プロサッカー選手。
2021年7月にInstagramにて自炊記録アカウントを立ち上げる。アスリートとしての経験を活かし、低糖質・高たんぱくの簡単レシピを中心に投稿。特にダイエット中の方、スポーツをされる方に多くの支持を集める。アスリートフードマイスター3級や上級食育アドバイザーなど、食に関する6つの資格を取得。
Instagram @zumi_meshi

STAFF

デザイン	野村友美（mom design）
調理補助・栄養計算	伊藤 瞳
撮 影	片桐 圭
フードスタイリング	松岡裕里子
校 正	鷗来堂
編 集	大野洋平

健康志向なズボラさんに贈る！
高たんぱく低糖質の太らないレンチンごはん

2024年2月2日　初版発行

著 者	小泉勇人
発行者	山下直久
発 行	株式会社KADOKAWA
	〒102-8177　東京都千代田区富士見2-13-3
電 話	0570-002-301（ナビダイヤル）
印刷所	大日本印刷株式会社
製本所	大日本印刷株式会社